Sich selbst lieben lernen

Wie Sie sich selbst lieben, finden und annehmen werden

Eine komplette Liste aller Bücher von Tim Winter finden Sie unter

http://amzn.to/1SCUAml

Inhaltsverzeichnis

Was ist Selbstliebe und wie macht sie uns glücklich?

Um zu wissen, wie Sie glücklich durch Selbstliebe werden, müssen Sie erst einmal verstehen, was Selbstliebe eigentlich ist. Selbstliebe hat nichts mit Egoismus zu tun. Wer sich selbst liebt, ist nicht automatisch jemand, der nur sich selbst liebt. Selbstliebe ist wie eine Partnerschaft, eben mit sich selbst. Es lassen sich eigentlich alle Punkte, die für eine harmonische Beziehung wichtig sind, auf die Selbstliebe übertragen. Um sich zu lieben, müssen Sie sozusagen eine Beziehung mit sich selbst eingehen.

Vielleicht kommt jetzt der Gedanke, dass jeder Mensch jeden Tag mit sich selbst verbringt und sich dadurch automatisch in einer Selbst-Partnerschaft befindet. Selbstverständlich ist das so, allerdings geht es bei der Selbstliebe darum, sich selbst bewusst zu erleben. In den heutigen Zeiten ist das nicht immer leicht. Morgens die Kinder für die Schule fertig machen, schnell einen Kaffee trinken, dann geht's auf die Arbeit, zum Einkaufen, Kochen und abends fallen wir müde ins Bett. Da bleibt oft wenig Platz für die Selbstliebe.

Alle Menschen wollen glücklich sein. Logisch, sind wir glücklich, geht es uns gut. Auch die Liebe macht uns glücklich. Sie sorgt für wunderbare Gefühle und beflügelt uns. Die Liebe ist überall, sie ist ein Lächeln auf der Straße, bereits Lob und Anerkennung sind Zeichen der Liebe. Bei der ganzen Liebe, die sich in unserem Umfeld befindet, vergessen wir oft die Liebe zu uns selbst.

Jeder hat die Kraft sich selbst glücklich zu machen. Sämtliche Lebensbereiche werden durch die Liebe zu uns selbst beeinflusst, denn wer sich nicht selbst liebt und nicht zu sich steht, ist angespannt. Diese Anspannung tragen wir unbewusst in unsere Partnerschaften, auch unsere Karriere, aber vor allem wir selbst leiden unter mangelnder Selbstliebe.

Bereits seit der Kindheit sind Menschen auf der Suche nach Liebe und Anerkennung. Häufig besteht der Wunsch, dass andere uns glücklich machen sollen. Daraus ergibt sich eine Erwartungshaltung: Ich habe etwas für dich getan, jetzt muss ich etwas zurückbekommen. Die Liebe allerdings ist sich selbst genug, sie nährt sich aus sich selbst heraus und verlangt keine Gegenleistung. Die Liebe ist an keine Konditionen geknüpft. Wer sich allerdings selbst nicht liebt, der kann diese bedingungslose Liebe weder geben, noch annehmen. Wenn Sie mit der Erwartung einer Gegenleistung durch Ihr Leben gehen, werden Sie zwangsläufig enttäuscht. Sie haben dann nämlich immer das Gefühl, dass Sie mehr für andere tun, als Sie zurückbekommen. Sie fühlen sich unglücklich und vielleicht sogar ungeliebt, aber es sind nicht die anderen, die nicht lieben. Meistens fällt uns Menschen gar nicht auf, wie wenig wir uns selbst lieben und wie hart wir zu uns selbst sind. Wenn Sie anfangen sich zu mögen und Ihnen selbst bedingungslose Liebe zu schenken, werden Sie glücklich.

Selbstliebe macht stark

Die Kraft, die von der Selbstliebe ausgeht, ist enorm. Menschen, die mit sich im Reinen sind, haben Spaß und Freude am Leben. Sie sind einfach glücklich. Vielleicht denken Sie jetzt: Ja, aber die haben ja viel weniger Probleme und sowieso ist bei den anderen alles besser. STOP!

Jeder hat Probleme und sein sprichwörtliches Päckchen zu tragen. Glückliche Menschen haben nicht weniger Sorgen als Sie auch, sie gehen nur anders damit um. Selbstliebe nimmt Anspannungen und Verkrampfungen. Sie sorgt für Gelassenheit und im Endeffekt sogar für Gesundheit. Immer mehr Forscher stellen Zusammenhänge zwischen Stress und sämtlichen Krankheiten her. Durch Selbstliebe können Sie Stress und damit verbundene Krankheiten vermeiden.

Entspannter leben durch Selbstliebe

Selbstliebe fängt in unserem Innern an und hilft uns dabei, ein ausgeglichener und positiver Mensch zu sein. Wer sich selbst liebt, ist glücklich und strahlt nach außen. Vielleicht sind Sie sich gar nicht bewusst, wie wichtig die Liebe zu sich selbst ist...

Sicherlich kennen Sie das Gefühl, dass Sie morgens aufwachen und den Tag bereits negativ beginnen. Die Gedanken kreisen darum, was heute alles getan werden muss, was gestern alles schief gelaufen ist und dass Sie heute alles besser machen müssen als gestern. Damit setzen Sie sich schon am Morgen einem ungeheuren Stress aus. Ihr Körper nimmt dadurch Signale wie „Ich bin nicht gut genug“, „ich reiche nicht aus“, „ich kann nichts“ auf.

Hören Sie auf, so hart zu sich zu sein! Auch in

einer Liebesbeziehung wünschen Sie sich doch einen Kuss am Morgen. Ein „Guten Morgen, du siehst gut aus heute, ich hoffe, du hast gut geschlafen!“ Das können Sie auch für sich selbst tun – und das sollten Sie auch. Fangen Sie Ihren Tag mit sich an. Gönnen Sie sich eine Viertelstunde einfach für sich. Ihr Geist ist grade aus dem Schlaf erwacht und selten so ungeschützt und empfindlich wie am Morgen. Geben Sie sich nach dem Aufwachen diesen Moment, in dem Sie sich spüren. Atmen Sie durch und horchen Sie in sich hinein und sagen Sie sich selbst ein „Guten Morgen, schön, dass du da bist“.

Anderen positiv begegnen

Genauso sollten Sie Ihren Mitmenschen, vor allem Ihrem Partner begegnen. Damit Sie das aber können, müssen Sie erst mal Platz für Liebe in sich schaffen. Wenn Sie sich selbst nicht wirklich respektieren und annehmen, dann können Sie diese Liebe auch nicht an Ihren Partner weitergeben. Deswegen ist Selbstliebe nicht nur für uns selbst, sondern auch für unser Umfeld wichtig. Nur was wir in uns tragen, können wir weitergeben.

Wenn Sie morgens mit einem „Alles Mist“ aufstehen, können Sie auch nur ein „Alles Mist“ weitergeben und vor allem können Sie dann auch kein „Guten Morgen, schön, dass du da bist!“ empfangen, denn Ihr Körper hat grade von Ihnen gehört, dass alles Mist ist.

Durch Selbstliebe bewirken Sie ein respektvolles Miteinander. Sie geben sich und

Ihren Mitmenschen die Möglichkeit, ein friedvolles und glückliches Leben zu führen. Ihre Partnerschaft wird dadurch stärker und stressresistenter. Die Selbstliebe sorgt dafür, dass Sie aufhören sich selbst und anderen negativ begegnen.

Übung Nr. 1

Wenn Sie morgens aufwachen, beginnen Sie den Tag bewusst. Setzen Sie sich an einen gemütlichen Ort (das kann logischerweise auch das Bett sein) und atmen Sie tief durch. Spüren Sie sich. Lernen Sie sich lieben, indem Sie jeden Morgen 15 Minuten einfach nichts tun. Wenn Ihr Geist vollständig aus der Nachtruhe erwacht ist, kann der Tag losgehen. Finden Sie zwischendurch immer Momente nur für sich, auf dem Weg zur Arbeit oder im Büro. Atmen Sie und nehmen Sie sich und Ihre Umgebung wahr. Vergessen Sie diese Übung auch am Abend nicht! Fünf Minuten mindestens gehören nur Ihnen, in denen Sie rekapitulieren können.

Selbstliebe können Sie lernen

Das Thema Selbstliebe hört sich für viele Menschen sehr abstrakt an. Generell ist das Wort Liebe sehr weitläufig und vor allem sehr subjektiv. Die Liebe an sich ist jedem Menschen angeboren. Jedes Kind ist der beste Beweis dafür, dass die (bedingungslose) Liebe existiert. Grundsätzlich ist jeder Mensch fähig zu lieben. (Ausnahmen, die auf psychische Erkrankungen zurückzuführen sind, werden hier ausgeklammert). Das heißt gleichzeitig auch, dass alle Menschen sich selbst lieben können und diese Fähigkeit angeboren ist.

Schauen Sie sich einmal die Kinder an. In deren großen Herzen ist gar kein Platz für Selbstverachtung. Diese Liebe zu uns selbst kommt aber in einer Gesellschaft von Leistungs- und Zeitdruck oft zu kurz oder geht schlimmstenfalls fast vollständig verloren. Wir setzen uns unter Druck, wollen „mithalten“ und auch etwas „erreichen“ und deswegen müssen manche Menschen diese Liebe zu sich selbst wieder neu erlernen.

Da sie uns allen angeboren ist, kann jeder den Weg zu Selbstliebe wieder finden. Das klingt bis jetzt alles ganz toll, denken Sie, aber wie funktioniert es nun?

Pausen zum Durchatmen

Der erste Schritt zur Selbstliebe ist Ruhe. Manche Menschen meditieren, andere setzen sich einfach mal hin und horchen in sich hinein. Sie müssen keine halbe Stunde in sich kehren, um sich selbst lieben zu können. Es reichen bereits kleine Momente, die sich überall, wirklich überall im Alltag einbauen lassen. Gönnen Sie sich im Büro einfach mal einen Blick aus dem Fenster. Atmen Sie durch und entspannen Sie sich. In diesen Momenten halten Sie einfach die Welt an. Natürlich entgehen Sie damit nicht dem Stress im Alltag, aber Sie verlangsamen ihn. Wenn Sie anfangen gelegentliche „Pausen" einzubauen, werden Sie sich bewusst, was in diesem Augenblick passiert und wie Sie sich fühlen.

Wer sich immer wieder ein paar Augenblicke nur für sich gönnt, beginnt bewusster zu handeln. Werden Sie also Beobachter Ihres

Lebens. Beobachten Sie und fangen Sie an in sich hinein zu hören. So kommen Sie Ihrem Ich auf die Spur. Sie finden sich selbst, indem Sie sich kleine Fragen stellen. Machen Sie es sich bequem, da wo es Ihnen gut tut. Auf dem Sofa, unter der Dusche oder im Garten. Ganz egal. Wählen Sie Orte, an denen Sie sich wohl fühlen und genießen Sie die Zeit allein und begeben Sie sich auf den Weg in Ihr Inneres.

Machen Sie sich bewusst, was Ihnen wichtig ist und was Ihnen gut tut. Ihr Herz wird Ihnen verraten, was gut für Sie ist. Bauen Sie in Ihren Alltag immer wieder Zeit für sich allein ein. Beginnen Sie den Tag mit voller Aufmerksamkeit für sich und Ihre Bedürfnisse und beenden Sie ihn ebenfalls damit.

Möglicherweise ist tagsüber nicht alles glatt verlaufen. Verzeihen Sie sich diese „Fehler“ und nehmen Sie diese nicht mit ins Bett und damit in Ihr Unterbewusstsein!

Vielleicht hatte Ihr Chef etwas an Ihrer Arbeit auszusetzen und war unzufrieden. Okay. Das gehört dazu. Fangen Sie an das zu akzeptieren, ohne sich zu rechtfertigen. Verzeihen Sie sich Missgeschicke, es ist sowieso schon passiert und nicht mehr rückgängig zu machen, aber vor allem ist es kein Weltuntergang. Belasten Sie Ihr Inneres nicht mit Schuldgefühlen. Wenn Sie sich zu stark dem widmen, was nicht funktioniert hat, sagen Sie sich unbewusst: du bist schlecht. Das löst eine unnötige Unzufriedenheit aus.

Sie sind nicht schlecht und haben auch in Situationen, die für Sie nicht positiv ausgegangen sind, so gehandelt, wie es für Sie in diesem Augenblick wichtig war. Akzeptieren Sie sich und Ihr Handeln. Mit dieser Akzeptanz Ihnen selbst gegenüber beginnen Sie, hinter Ihren Werten zu stehen. Das macht Sie echt, authentisch.

Übung Nr. 2

Selbstliebe heißt, sich zu verzeihen. Wenn Sie mit etwas nicht zufrieden sind, reden Sie sich nicht ein, es hätte besser sein müssen. Sagen Sie sich bewusst, dass „hätte, könnte, sollte“ nicht das widerspiegeln, was grade ist. Sagen Sie sich auch: Es ist okay. Ich habe es so gemacht, wie es in diesem Moment richtig und für mich machbar war und das ist gut!

Zu sich stehen

In der heutigen Zeit ist es nicht immer leicht, authentisch zu sein. Im Berufsleben oder auch in anderen Bereichen scheinen manche Menschen fast gezwungen, etwas zu tun, hinter dem sie nicht 100 % stehen können. Wenn Sie zu sich stehen können, dann sind Sie im Reinen mit sich. Wenn Sie so handeln können, wie Sie es empfinden, stellen Sie ein inneres Gleichgewicht und eine innere Akzeptanz her.

Ein Beispiel: Sie sind eingeladen, haben aber absolut keine Lust auszugehen, weil Ihnen einfach nicht danach ist. Wenn Sie zu sich stehen, dann sagen Sie ab, dann bleiben Sie einfach zu Hause auf der Couch und verbringen den Abend mit sich selbst. Nur Sie selbst entscheiden, was gut für Sie ist. Wenn ein Abend auf dem Sofa für Sie in diesem Moment besser ist, als mit vielen Leuten, dann ist das in Ordnung. Genau das müssen Sie sich vor Augen halten. Ihre Entscheidungen, Ihre Empfindungen und Ihre Lust sind okay, sie alle haben eine Berechtigung und Sie müssen sich davon frei machen, was andere möglicherweise von Ihnen denken.

Wenn Sie keine Lust auf ein bestimmtes Gespräch haben, dann ist das okay. Wenn Sie etwas einfach nicht wollen, auch okay. Und ebenso, aber vor allem, ist es in Ordnung zu sagen, wenn Sie durch etwas verletzt werden. In allen genannten Situationen können Sie selbstliebend und respektvoll reagieren. Beispielsweise, wenn sich Ihnen jemand verletzend äußert, müssen Sie nicht zurückschießen.

Nutzen Sie hier die Kraft des Bewusstseins, indem Sie sagen: Das hat mir wehgetan, das hat mich getroffen. Das ist eine klare Aussage, mit der Ihr Gegenüber etwas anfangen kann und Sie haben etwas vermieden, was Ihnen nicht gut tut.

Übung Nr. 3

Sie haben keine Lust auf dies oder jenes, dann sagen Sie „nein". Sie sind niemandem etwas schuldig. Rufen Sie Ihre Freunde an und sagen den Geburtstag oder die Feier ab. Es ist Ihr gutes Recht und Sie müssen sich vor niemandem rechtfertigen – außer vor sich selbst. Sagen Sie zu sich: Es ist okay, dass ich keine Lust habe. Es ist gut, dass ich meine eigenen Entscheidungen treffe.

Selbstbewusst durch Selbstliebe

Sie werden durch Selbstliebe selbstbewusst, weil Sie spüren und sich dafür einsetzen, was Ihnen wichtig ist und was Ihnen gut tut. Selbstbewusstsein kann nicht durch andere bezogen werden. Vielleicht können Worte von anderen unserem Ego gut tun, allerdings können sie nicht unser Selbstbewusstsein aufbauen.

Ganz genau genommen besteht das Wort ja auch aus „Selbst“ und „bewusst“. Das heißt, Sie müssen sich Ihrer selbst bewusst werden. Dazu gehört, dass Sie wissen, was Ihnen wichtig ist und wo Sie stehen. Wenn Sie danach handeln, dann kommen Sie mit sich in Einklang. Sie fühlen sich stark, denn Sie vermeiden dadurch, dass zwei Partien in Ihnen gegeneinander arbeiten. Das was Sie denken und das was Sie tun, sollte zusammenpassen. Ansonsten leben Sie in einer Vorstellung von sich und nicht Ihr wirkliches Ich.

Seine Schwächen lieben

Vielen Menschen fällt es sehr schwer, die eigenen Schwächen zu lieben. Schon als kleine Kinder sind Lob und Anerkennung oft an Taten geknüpft. Nur selten bekommen wir gesagt: Du bist toll, weil du du bist. So entsteht oft der Konflikt, dass Liebe „verdient" werden muss und dass was als Kind gelernt wurde, führt man als Erwachsener fort.

Sie müssen sich Liebe nicht verdienen und schon gar nicht die Liebe zu Ihnen selbst. Denken Sie immer daran, dass Liebe bedingungslos ist. Jeden Tag, jede Stunde sollten Sie sich lieben und nicht nur dann, wenn Sie in Ihren Augen etwas gut gemacht haben. Sicherlich sind einige Ereignisse und Erfolge besondere Gründe zur Freude, aber die Liebe zu sich selbst ist nicht von ihnen abhängig. Fangen Sie an auch Ihre Schwächen zu lieben, denn es sind Ihre eigenen und daher schon liebenswert. Vielleicht mögen Sie an sich einige Charakterzüge nicht. Möglicherweise haben Sie einen Tag oder sogar eine ganze Woche hinter sich, wo nichts geklappt hat wie es eigentlich sollte. Ihr Wesen wird dadurch aber nicht minderwertiger. Ihr Kopf ist es, der Ihnen sagt, dass etwas nicht gut ist. Lassen Sie Ihren Kopf einfach machen. Soll er doch denken, aber lassen Sie die Dinge von Ihrem Kopf nicht in Ihr Herz wandern.

Unser Kopf hat gelernt bestimmte Denkstrukturen zu befolgen. Er ruft immer und immer wieder Muster ab, die er in der Kindheit aufgenommen hat. „So geht es nicht und dieses ist nicht richtig und hier muss das anders“, das denkt Ihr Kopf. Ihr Herz sollte darunter aber nicht leiden. Der Kopf sollte uns nicht traurig machen können. Um sich selbst zu lieben, müssen Sie in diesen Momenten ein bisschen „arbeiten“. Machen Sie es sich gemütlich und dann hören Sie mal Ihrem Kopf eine Runde zu. Den Gedanken, die kreisen und Ihnen die Laune verderben. Machen Sie sich dann bewusst: der Kopf macht, weil er nicht anders kann und lassen Sie ihn machen und nehmen Sie es an.

Akzeptieren Sie Ihren Kopf, der genauso zu Ihnen gehört wie Ihr Herz. „Schön Kopf, dass du da bist und deine Aufgabe erledigst.“ Wenn Sie an diesen Punkt angelangt sind, können Sie sich überlegen, wie Sie diese Situation meistern können. Was hilft Ihnen jetzt? Was tut Ihnen gut?

Es hilft Ihnen nicht, wenn Sie sich jetzt sagen, dass Sie sich lieben, obwohl Sie es gar nicht tun in diesem Augenblick. Was Ihnen allerdings hilft, sich einzugestehen, dass auch mal was nicht funktionieren darf und dass Sie dadurch kein schlechterer Mensch sind. Wir Menschen sind alle besonders, jeder für sich, aber sicherlich niemals vollkommen. Das ist auch gut so, denn ohne das Negative, könnte das Positive nicht existieren, beziehungsweise wüssten wir dann weder um das Eine, noch um das Andere.

Übung Nr. 4

Die schlechte Laune braut grade eine dunkle Wolke in Ihnen auf? Lieben Sie sich selbst und setzen Sie sich hin, atmen Sie und sagen Sie zu sich: Mein Kopf denkt jetzt, weil er eben nicht anders kann, aber ich lasse mir durch diese Gedanken meine Laune nicht vermiesen.
Jetzt überlegen Sie sich, dass Sie sich vielleicht grade nicht so sehr lieben, aber Sie tun sich jetzt einfach was Gutes. Ein

Lieblingsgetränk, eine heiße Dusche oder vielleicht auch Schokolade. Bestrafen Sie Ihren Körper nicht, indem Sie, nur weil es Ihnen schlecht geht, auf die schönen Dinge verzichten.

Bleiben Sie sich selbst treu

Sich treu zu bleiben, ist sicherlich nicht immer leicht. Immer wieder kommen wir an Punkte in unserem Leben, in denen wir uns selbst ablehnen und uns nicht genügen. Aber wir kommen auch in Situationen, in denen wir uns verstellen, ganz egal aus welchen Beweggründen. Das tut Ihnen nicht gut! Wer sich verstellt, wirkt nicht echt.

Sie müssen nicht vorgeben etwas zu sein, was Sie gar nicht sind. Ihr Umfeld spürt das und Ihr Geist sowieso. Manchmal kann es sehr unangenehm sein, sich selbst treu zu sein, weil es uns in Situationen bringt, die vielleicht unharmonisch ablaufen.

Wenn Sie sich selbst lieben wollen, dann müssen Sie aber genau das riskieren. Sie können nicht Sie selbst sein, wenn Sie immer nur danach handeln anderen zu gefallen. Sie müssen niemandem gefallen!

Wenn Sie im Auto sitzen und Ihren Lieblingssong mitsingen in allen richtigen und falschen Tönen, dann sind Sie das, dann sind Sie echt. Wenn das dem Fahrer neben Ihnen an der Ampel nicht passt, sei es drum. Das darf Sie gar nicht interessieren, denn es ist Ihr Lieblingslied und Ihr Moment, an dem Sie einfach Spaß haben.

Leben Sie Ihr eigenes Leben, Ihre eigenen Hobbys und Ihre eigenen Vorlieben. Andere Menschen werden Sie dafür respektieren und toll finden, weil Sie plötzlich Glück und Zufriedenheit ausstrahlen. Sie öffnen Ihr Herz den Dingen, die Ihnen wichtig sind und das macht Ihren Körper und Ihren Geist glücklich.

Passen Sie auf sich auf und respektieren Sie

sich. Wenn Sie sich ständig kritisieren und sich sagen, was Sie alles nicht können, nicht erreicht haben und wo Sie überall noch besser werden müssen, dann dankt Ihnen das Ihr Körper sicherlich nicht mit einem: Ach, ich bin aber glücklich. Im Gegenteil, wenn Sie in sich immer das Gefühl aufrechterhalten nicht richtig zu sein, kann das nur für eine negative Stimmung sorgen.

Stellen Sie sich einmal vor, Ihr Partner würde Sie in einer Tour kritisieren und Ihnen sagen, was für ein Versager Sie sind. Da würden Sie hoffentlich schnellsten Reißaus nehmen. Ihr Geist will von Ihnen gepflegt werden, genauso wie Sie Ihren Körper pflegen.

Damit Sie sich selber treu bleiben können, müssen Sie beobachten, an welchen Stellen Sie sich ablehnen und unzufrieden mit sich sind. Als nächsten Schritt sollten Sie anfangen diese Gefühle anzunehmen. Sie gehören zu Ihnen. Es sind Ihre, ganz allein Ihre Gefühle, die genauso einen Teil von Ihnen ausmachen, wie all die positiven Emotionen.

Die meisten Menschen neigen dazu, vor allem dann Dinge nicht zu respektieren, wenn sie unangenehm sind. Liebeskummer zum Beispiel. Ein Gefühl, das uns auf einer sehr tiefen Ebene erschüttern kann. Jeder, der einmal Liebeskummer gespürt hat will, dass er verschwindet. Besonders, wenn wir in der Liebe enttäuscht wurden, schmerzt das Herz.

Haben Sie sich einmal gefragt, was denn wohl passiert, wenn Sie den Liebeskummer hereinbitten? Der Liebeskummer ist in Ihnen und durch Sie entstanden und deswegen müssen Sie ihn freudig begrüßen, auch wenn es schwerfällt. Hier können Sie sich treu bleiben. Sie können den Liebeskummer nicht einfach verleumden, nur weil er Ihnen unangenehm ist. Ihr Kind bleibt ja auch an schwierigen Tagen Ihr Kind.

Bleiben Sie sich treu, indem Sie alles lieben. Das hört sich vielleicht seltsam an, aber alles was war, was ist und was kommt gehört zum Leben. Im Endeffekt können Sie sowieso nichts an bestimmten Situationen oder Gefühlen ändern. Sie können den Liebeskummer nicht nach Hause schicken, denn er ist bei Ihnen zu Hause und anstatt sich über ihn zu nerven und noch schlechtere Laune zu bekommen, können Sie ihn auch einfach empfangen, empfinden und dadurch lösen.

Übung Nr. 5

Ihrer Selbstliebe tut es gut, wenn Sie sich

immer mal wieder selbst loben. Sagen Sie doch mal nach der Arbeit zu sich: Hey, das habe ich heute gut gemacht. Sagen Sie sich auch, dass Sie schön sind. Probieren Sie es direkt aus und spüren Sie die Wirkung. Es fühlt sich toll an zu sagen: ich habe das gut gemacht.

Lieben und geliebt werden

Nicht nur Sie, sondern auch Ihre Lieben profitieren von der Selbstliebe. Nur wer sich selbst liebt, kann auch Liebe vergeben. Das hat einen ganz einfachen Hintergrund. Nur was Sie besitzen, können Sie weitergeben.

Stellen Sie sich vor, Sie möchten einem Gast einen Kaffee anbieten. Sie können es sich noch so sehr wünschen ihm einen Kaffee anzubieten, wenn Sie keinen Kaffee da haben, ist das einfach nicht machbar. Genauso ist das mit der Liebe, wenn Sie gar keine Liebe zu sich selbst haben, können Sie auch keine Liebe weitergeben. Kaffee kaufen Sie einfach im Supermarkt, mit der Selbstliebe gestaltet sich das nicht ganz so leicht.

Für die Liebe zu einem Partner ist also die Selbstliebe besonders wichtig. Behandeln Sie sich selbst wie Ihren Partner, schauen Sie für sich, was Ihnen wichtig ist in dieser Beziehung und übertragen Sie es auf sich. Vielleicht lieben Sie es, wenn Ihr Partner Ihnen einfach zu hört. Tun Sie das Gleiche für sich: Hören Sie in sich hinein. Ihr Herz hat Ihnen einiges zu erzählen.

Sie mögen es, wenn Ihr Partner Sie einfach richtig gut findet und stolz auf Sie ist: Seien Sie stolz auf sich, finden Sie sich selbst gut. Sobald Sie anfangen die Liebe zu sich selbst wachsen zu lassen, werden Ihre Beziehungen immer entspannter. Sie entwickeln mehr und mehr Platz, den die Liebe nutzen kann, um sich zu entfalten. Nur durch Selbstliebe, werden Sie eine harmonische Beziehung mit einem Partner eingehen können.

Liebe in einer Partnerschaft bedeutet unter anderem Annahme, Verständnis und

Vertrauen. Nicht ohne Grund sagen wir häufig: Ich liebe dich so, wie du bist. Wenn Sie sich selbst annehmen, sich gegenüber sich selbst Verständnis aufbringen und sich selbst vertrauen, dann können Sie diese Dinge auch Ihrem Partner geben. Fehlen einem diese Eigenschaften, haben manche Menschen das Gefühl „nicht richtig“ geliebt zu werden. Das sorgt für Konfliktpotenzial in Beziehungen.

Von anderen geliebt werden

Die Liebe ist zwar bedingungslos und erfordert keine Gegenleistung, dennoch ist in einer Beziehung, egal ob mit Freunden oder dem Partner, eine gewisse Liebe füreinander wünschenswert. Jeder Mensch darf es als äußerst unangenehm empfinden, wenn der Partner einen nicht liebt. Das heißt also, dass Liebe in einer Beziehung auf Gegenseitigkeit beruht.

Allerdings sollten Sie niemals Ihre Liebe an die Erwartung (und schon gar nicht an die Bedingung) knüpfen, dass der Partner Sie aufgrund Ihrer aufgebrachten Liebe ebenso lieben muss.

Es handelt sich hier um zwei verschiedene Sachverhalte. Ihr Partner liebt Sie also nicht, weil Sie ihn lieben, sondern er liebt Sie aus sich heraus.

Übung Nr. 6

Bei allem was Sie für andere tun, machen Sie sich bewusst, dass Sie es tun, weil Sie es gerne machen. Nicht, weil Sie eine Gegenleistung wollen. Egal ob es sich um eine Extraaufgabe auf der Arbeit oder eine Hausarbeit, die eigentlich jemand anderem zugeteilt war, handelt. Machen Sie es mit Liebe und denken Sie an die Freude, die Sie bei einem anderen Menschen dadurch auslösen.

Nein sagen

Ein besonders wichtiger Punkt der Selbstliebe im Bezug auf die Liebe von anderen, ist das „Nein“ sagen. Wir müssen uns selbst lieben, damit wir die wahre Liebe des Partners erfahren können. Wenn wir uns nicht selbst lieben, neigen wir dazu in Situationen zu bleiben, die uns nicht gut tun. Dieses „Nein“ zu bestimmten Situationen bedeutet gleichzeitig ein „Ja“ zu uns. Für Ihre Selbstliebe ist es besonders wichtig, dass Sie zu Ihren Emotionen Ja sagen.

Beispielsweise, ja, das hat mich verletzt, ja, das macht mich traurig und wütend. Im nächsten Schritt sagen Sie dann zu der entsprechenden Person und/oder Situation „Nein“. Für den Erhalt Ihres Selbstwertes ist es enorm wichtig, wenn Sie sich schnellstmöglich von Dingen trennen, die Sie verletzen oder Ihnen nicht gefallen.

Das muss nicht gleich mit Gewalt sein, davon sollten Sie sich ohnehin umgehend von trennen. Häusliche Gewalt zerstört Leben und Seelen. Aber auch harmloseren Momenten, die Ihnen nicht passen, können Sie entgehen.

Ein guter Bekannter ruft an, Sie haben ihn lange nicht gesprochen, aber es passt grade einfach nicht und außerdem redet er so viel und lässt Sie kaum zu Wort kommen. Trauen Sie sich und sagen Sie einfach mal „Nein". Nein, ich habe grade nicht so viel Zeit und manchmal habe ich das Gefühl, dass unsere Gespräche kein richtiger Austausch sind, sondern ich vor allem dir zu hören muss.

Damit haben Sie Ihre Interesse und Ihren Wert verteidigt und das ist gut so. Das wirkt sich positiv aus, denn Sie hören auf Ihr Herz und tun nichts, worauf Sie eigentlich gar keine Lust haben.

Achten Sie aber immer darauf, dass Sie Ihre Kritik fair äußern. Dem quasselnden Bekannten dürfen Sie nicht verletzend, etwa mit „Du gehst mir mit deinem Gelaber so auf die Nerven und es geht immer nur um dich“, begegnen. Warum sollten Sie auch? Es geht Ihnen ja nicht darum, dass Sie ihm etwas Böses wollen. Es geht Ihnen um sich und darum wie Sie grade Ihre Zeit verbringen wollen. Dadurch werden Sie ein ehrlicher Mensch, mit sich selbst und mit anderen.

Übung Nr. 7

Seien Sie ehrlich. Im Positiven, wie im Negativen. Vielleicht sieht Ihr Kollege, Ihre Kollegin heute besonders gut aus. Verteilen Sie Komplimente. Sagen Sie aber auch, wenn Sie etwas stört. Sie befreien damit Ihren Geist.

Glücklich werden und bleiben

Manche Tage laufen einfach schief, miese Stimmung verbreitet sich und jeder kennt und erlebt das. Es gibt jedoch noch einen Unterschied zwischen mal „schlechte Laune“ haben und starken, negativen Emotionen, wie Angst, Wut und Selbstzweifel. Die Selbstliebe hilft Ihnen, mit beidem umzugehen.

Wenn sich mal ein schlechter Tag in Ihr Leben schummelt, dann haben Sie bereits gelernt, wie Sie die Stimme in Ihrem Kopf beruhigen können. Lassen Sie sie reden und beachten Sie sie nicht weiter. In diesen Momenten müssen Sie in sich reinhören. Was brauchen Sie jetzt? Was tut Ihnen gut? Lassen Sie sich von Ihrem Partner oder einem guten Freund in den Arm nehmen und spüren Sie dessen Liebe. In solchen Situationen müssen Sie Ihren Geist aktivieren und auf Ihr Herz hören, das Ihnen sagt: Alles ist in Ordnung.

Atmen Sie in die schlechte Laune hinein und akzeptieren Sie sie. Fangen Sie an, die Momente zu lieben wie Sie sind. Sie müssen Sie bedingungslos lieben, sozusagen in guten, wie in schlechten Zeiten. Wenn Sie das Geschehen in Ihrem Innern annehmen, können Sie glücklich werden.

Ihre Fehler sind nicht gleich Ihre Fehler. Vielmehr sind es Erfahrungen, aus denen Sie lernen können. Wenn Sie langfristig glücklich sein wollen, müssen Sie aufhören, an Ihre Fehler zu denken. Damit sagen Sie Ihrem Geist nämlich, dass Sie etwas falsch gemacht haben, dass Sie etwas hätten besser machen müssen. Extrem ausgedrückt bedeutet das, dass Sie Ihrem Körper ein Schuldgefühl aufladen. Denken Sie immer an Ihre Freunde und Partnerschaften, wie würden Sie sich fühlen, wenn diese Ihnen mit Schuldzuweisungen begegnen würden? Das gleiche Gefühl vermitteln Sie Ihrem Geist, wenn Sie von Ihren Fehlern sprechen.

Um ein Selbstliebender zu werden, müssen Sie Verantwortung übernehmen - für Ihre Gedanken. Durch Ihre Gedanken schaffen Sie Emotionen. Wenn Sie Ihre Gedanken bewusst wahrnehmen, können Sie einschätzen, ob diese Wirklichkeit sind. Menschen machen gerne andere Sachen für ihren Gemütszustand verantwortlich. Das Wetter ist doof, der Chef war ungerecht usw. Wichtig sind nicht die anderen, sondern Sie. Sie bestimmen, was das mit Ihnen macht.

Natürlich können Sie sich den ganzen Tag über Ihren Chef nerven. Sie können es aber auch einfach als gegeben hinnehmen, akzeptieren und sich einer anderen Sache widmen. Lassen Sie den Druck der negativen Gefühle abfließen, indem Sie sich sagen, dass Sie sich jetzt sicherlich nicht die Laune von allen anderen verderben lassen. Nehmen Sie Ihr Leben und Ihr Glück selbst in die Hand.

Eine tolle Übung bei negativen Gefühlen ist erst mal durchzuatmen und aufzuschreiben, was Sie grade so auf die Palme bringt. Wenn Sie sich dann Ihre Notizen durchlesen, werden Sie höchstwahrscheinlich merken, dass einiges davon gar nicht stimmt. Ein Gedanke, eine Idee von etwas, hat Sie negativ verstimmt. Beobachten Sie, welcher Gedanke diese starke Emotion auslöst.

Eifersucht zum Beispiel. Ihr Partner ist länger weg als geplant und meldet sich nicht. Der Gedanke, dass eine Affäre im Spiel sein könnte, schießt Ihnen in den Kopf. Dann folgt ein Gedankenspiel nach dem anderen. Ein wahnsinniges Karussell beginnt sich zu drehen. Halten Sie es an. Setzen Sie sich hin und atmen Sie durch. Machen Sie sich den Moment bewusst und schreiben Sie auf, was in Ihnen vorgeht und jetzt überlegen Sie noch einmal. Es ist nicht der Partner, der ein schlechtes Gefühl in Ihnen auslöst, sondern Ihr Gedanke und Ihre Angst, er könnte Sie hintergehen. Machen Sie ihm also keine Vorwürfe. Er ist einfach unterwegs, nicht mehr und nicht weniger. Sie beginnen mit Ihrer Angst Ihre Beziehung zu zerstören, denn die Eifersucht verdrängt die Liebe.

Sie haben diesen Frust in sich erschaffen und sollten ihn daher auf keinen Fall an Ihrem Partner auslassen. Auch wenn Sie möglicherweise Ihre negativen Emotionen auf ihn projizieren, danken Sie Ihrem Partner. Er bringt zutage, was in Ihnen schlummert. Ganz egal, ob es sich um Wut, Angst oder

Eifersucht handelt. Sie haben das große Glück Ihren Emotionen zu begegnen. Sie sind jetzt da und wollen von Ihnen beachtet werden. Die Angst oder Eifersucht will von Ihnen willkommen geheißen und geliebt werden, genauso wie Sie Ihre Freude lieben.

Wer seine negativen Emotionen liebt, die Teil von jedem sind, der liebt sich selbst. Wenn Sie Ängste und andere Gefühle annehmen und lieben, werden diese gelöst werden. Oftmals ist es so, dass uns diese negativen Gefühle ein Leben lang begleiten, weil wir sie nicht zu lassen.

Sie sind nicht schlecht, weil Sie eifersüchtig oder ängstlich sind. Vergeben Sie sich und seien Sie gut mit sich.

Lieben Sie sich, mit allem, was zu Ihnen gehört!

Übung Nr. 8

Bei Eifersuchtsanfällen, können Sie Ihre Selbstliebe besonders stärken. Halten Sie das Gedankenkarussell an, das Ihnen vermitteln will: da ist doch was im Gange. Atmen Sie durch und schreiben Ihre Gedanken auf ein Blatt. Dann überlegen Sie sich, ob das wirklich stimmt, was dort steht.

Sie werden merken, dass Sie gar keine Angst haben müssen, nur weil Ihr Partner später ist, als geplant. Wie oft waren Sie schon verspätet? Zum Beispiel, weil jemand vor Ihnen nur 30 km/h gefahren ist.

Versuchen Sie nicht die Eifersucht wegzudrängen, nehmen Sie sie an und verarbeiten Sie sie. Denken Sie außerdem immer an das "hätte, könnte, sollte", was nicht zählt. Es zählt der Moment, in dem Sie auf

Ihren Partner warten und sich im tiefsten Innern freuen ihn zu sehen. Auf eine Eifersuchtsszene freuen Sie sich sicherlich nicht!

So wichtig ist die Selbstliebe

In diesem Ratgeber haben Sie gelernt, was Selbstliebe ist und wie Sie jeden Tag etwas dafür tun können. Die Selbstliebe ist ein wichtiger Faktor für das Glück im menschlichen Dasein. Wir alle wollen glücklich sein und es vor allem bleiben. Sich selbst zu lieben bedeutet, dass Sie Ihre Unvollkommenheit annehmen und sich so respektieren, wie Sie sind.

Wenn Sie aufhören, sich selbst unter Druck zu setzen, dann beginnen Sie mit der Liebe zu sich selbst. Diesen Weg zu gehen erfordert Mut und ist nicht immer leicht. Menschen, die anfangen sich selbst zu lieben, erfahren manchmal, nicht immer, Ablehnung von ihrem sozialen Umfeld.

Warum ist das so? Stellen Sie sich vor, Sie

sind auf einmal jemand, der aus der Reihe tanzt. Das kann natürlich zunächst einmal für Unmut in Ihrem Bekanntenkreis sorgen, denn Sie werden zum Störfaktor für ein bestehendes, soziales Gefüge. Lassen Sie sich hiervon nicht beeindrucken. Nach kurzer Zeit werden Sie merken, dass Sie sich viel wohler fühlen, wenn Sie sich nicht mehr in einer Umgebung aufhalten, in der Sie sich nur zwanghaft und nicht so, wie Sie wirklich sind, bewegen können.

Die Selbstliebe hilft Ihnen in allen Lebensbereichen. Das wird verständlich, wenn Sie beachten, dass Ihre Umwelt durch Ihre Gedanken und Ihr Handeln beeinflusst wird. Wenn Sie ein selbstliebender Mensch sind, können Sie mit Ihrem Umfeld mit Liebe und positiven Gefühlen begegnen und Ihr Wohlbefinden steigt. Egal ob im Alltag, im Beruf oder in einer Beziehung, Sie nehmen Ihr

Leben und Ihr Glück selbst in die Hand. Sie werden feststellen, dass Sie bald nichts mehr brauchen, um glücklich zu sein. Natürlich sollen Sie nicht auf Ihre Freuden verzichten. Im Gegenteil, tun Sie alles, was Ihnen gut tut. Dennoch werden Sie merken, dass Sie weder von Ihrem Partner noch von anderen erwarten, dass diese Sie glücklich machen. Sie werden ein entspanntes Leben führen und die Menschen werden sich in Ihrer Gegenwart wohlfühlen, weil Sie Liebe ausstrahlen, an der sich jeder erfreuen kann.

Übung Nr. 9

Wenn Sie unsicher sind, machen Sie sich bewusst, dass in Ihrem Tun und Handeln kein falsch und kein richtig existiert. Sagen Sie sich: Ich bin, wie ich bin und das ist gut, so lange ich keiner anderen Person schade. Ihre

Entscheidungen sind Ihr Eigentum und wenn das jemandem nicht passt, dann hat das nichts mit Ihnen zu tun. Das bedeutet nur, dass jemand nicht die Stärke hat Ihre Eigenständigkeit zu respektieren. Davon sollten Sie sich in Ihrem Innern nicht erschüttern lassen.

Nehmen Sie die Tipps und Übungen in diesem Ratgeber zu Herze. Glauben Sie mir: Es wird sich lohnen!

Dankeschön

Abschließend möchte ich mich noch von ganzem Herzen bei Ihnen bedanken, dass Sie mit dem Erwerb dieses Ratgebers Vertrauen in mich, meine Erfahrungen und meine Arbeit gesetzt haben.

All das Wissen habe ich mir über die Jahre angeeignet und versuche dieses so gut verständlich und einfach umsetzbar wie möglich zu vermitteln, um Sie auf Ihren Lebensweg zu unterstützen.

Ich hoffe, dass Sie Einiges aus diesem, bewusst kurz gehaltenen Ratgeber mitnehmen konnten und mit den Inhalten, Tipps und Tricks positive Veränderungen erzielen.

Über ein Feedback Ihrerseits mittels einer kleinen Bewertung auf Amazon würde ich mich sehr freuen.

Ich wünsche Ihnen für Ihre Zukunft alles erdenklich Gute und würde mich freuen, wenn ich Sie mit meinen Erfahrungen und weiteren Tipps unterstützen kann.

Herzlichst grüßt,
Tim Winter

Weitere Bücher von Tim Winter

Speed Reading

Wie Sie mit Speed Reading sofort Ihre Lesegeschwindigkeit verdoppeln, schneller lesen und verstehen werden

http://amzn.to/1UA9ize

Positives Denken

Wie Sie mit positivem Denken mehr Erfolg, Selbstbewusstsein und Zufriedenheit in Ihr Leben ziehen

http://amzn.to/1TeDgFD

Buddhismus

Mithilfe des Buddhismus ein ausgeglichenes Leben im Einklang, Glück und in Achtsamkeit führen

http://amzn.to/1TKNOMi

Rechtliches und Impressum

Ich bin stets bemüht, alle Informationen und Angaben in diesem Buch korrekt und auf dem neusten Stand zu halten. Leider ist es trotzdem nie vollkommen ausgeschlossen, dass Fehler und Unklarheiten entstehen. Aus dem Grund übernehme ich keine Gewähr für Aktualität, Richtigkeit, Qualität und Vollständigkeit dieses Werkes. Für Schäden, die durch die (Nicht-) Nutzung dieser Informationen, sowohl mittel- als auch unmittelbar entstehen, hafte ich nicht. Für Hinweise auf Fehler oder Unklarheiten bin ich Ihnen sehr dankbar.

Tim Winter wird vertreten durch

Torben Gebbert
An der Burgstelle 35
28197 Bremen

timwinterautor@gmail.com

7809533R00037

Printed in Germany
by Amazon Distribution
GmbH, Leipzig